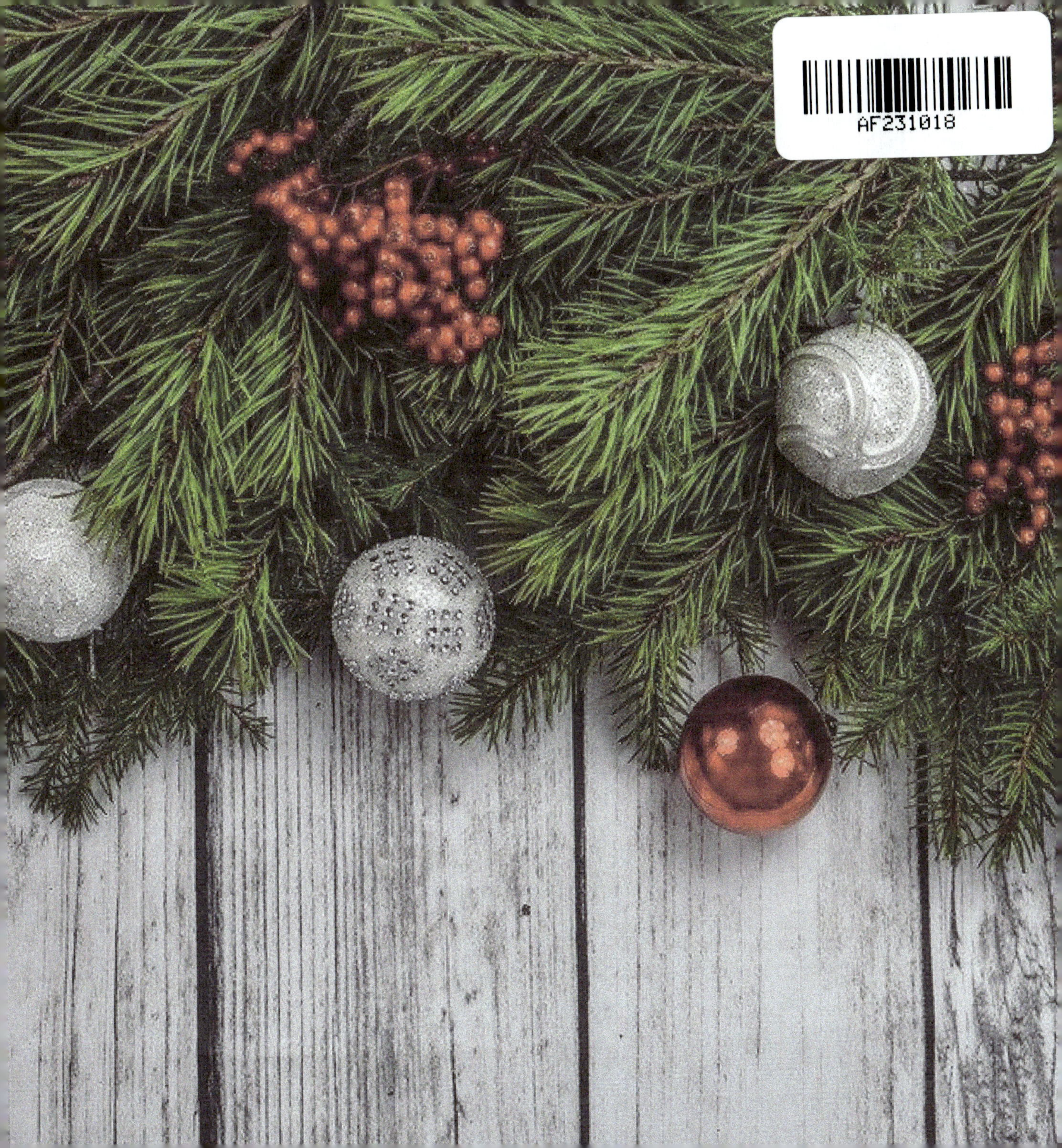
AF231018

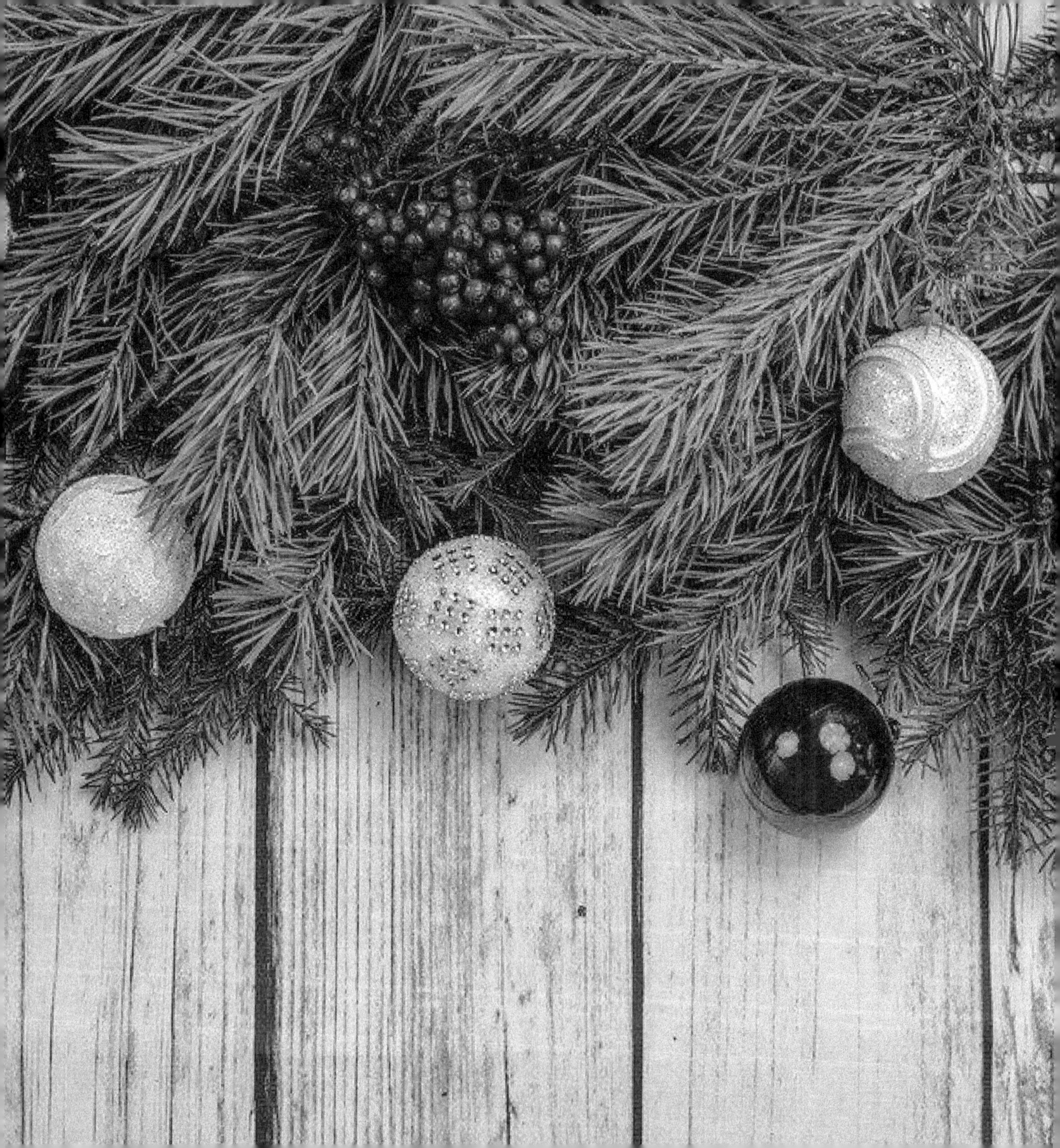

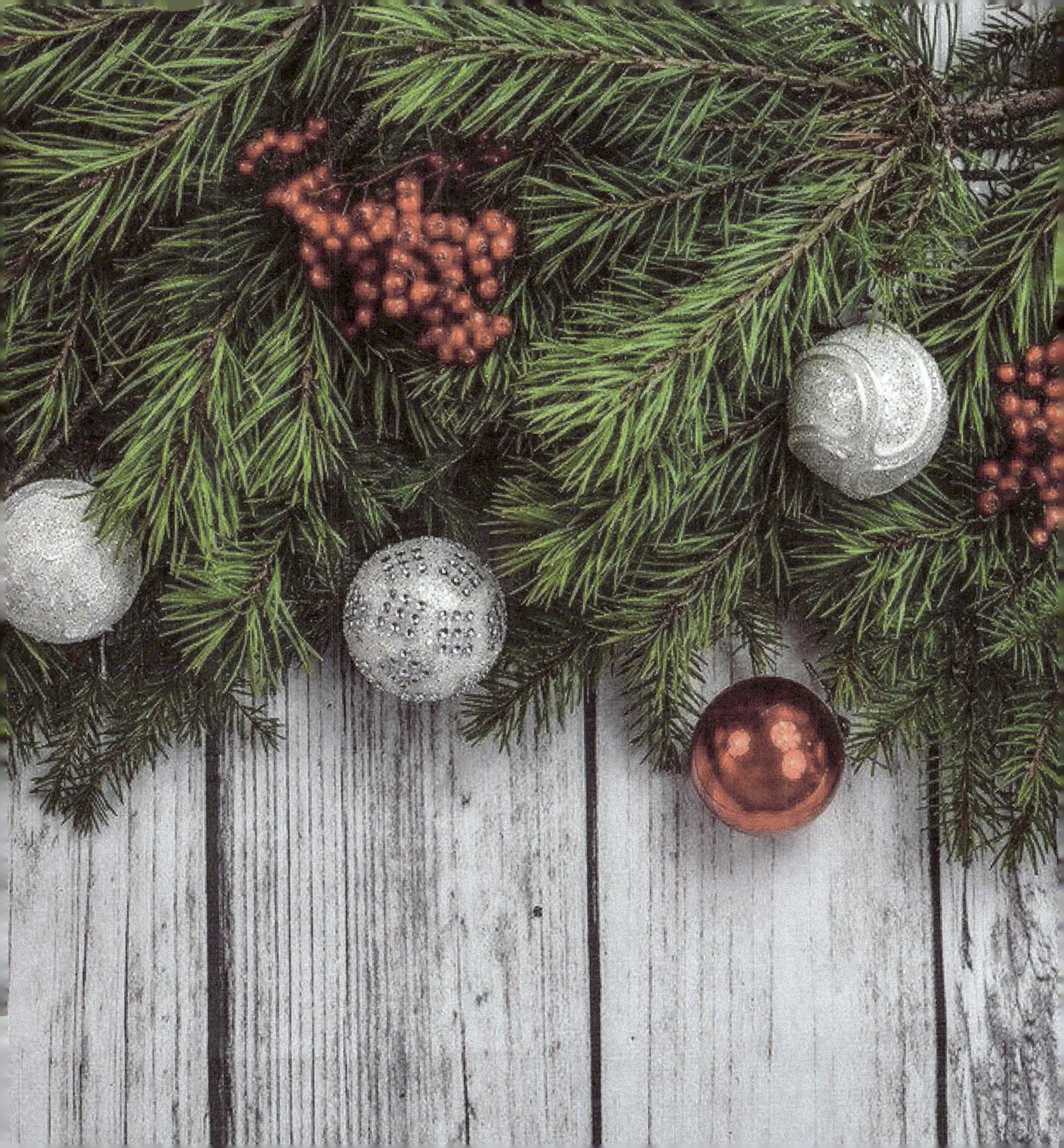

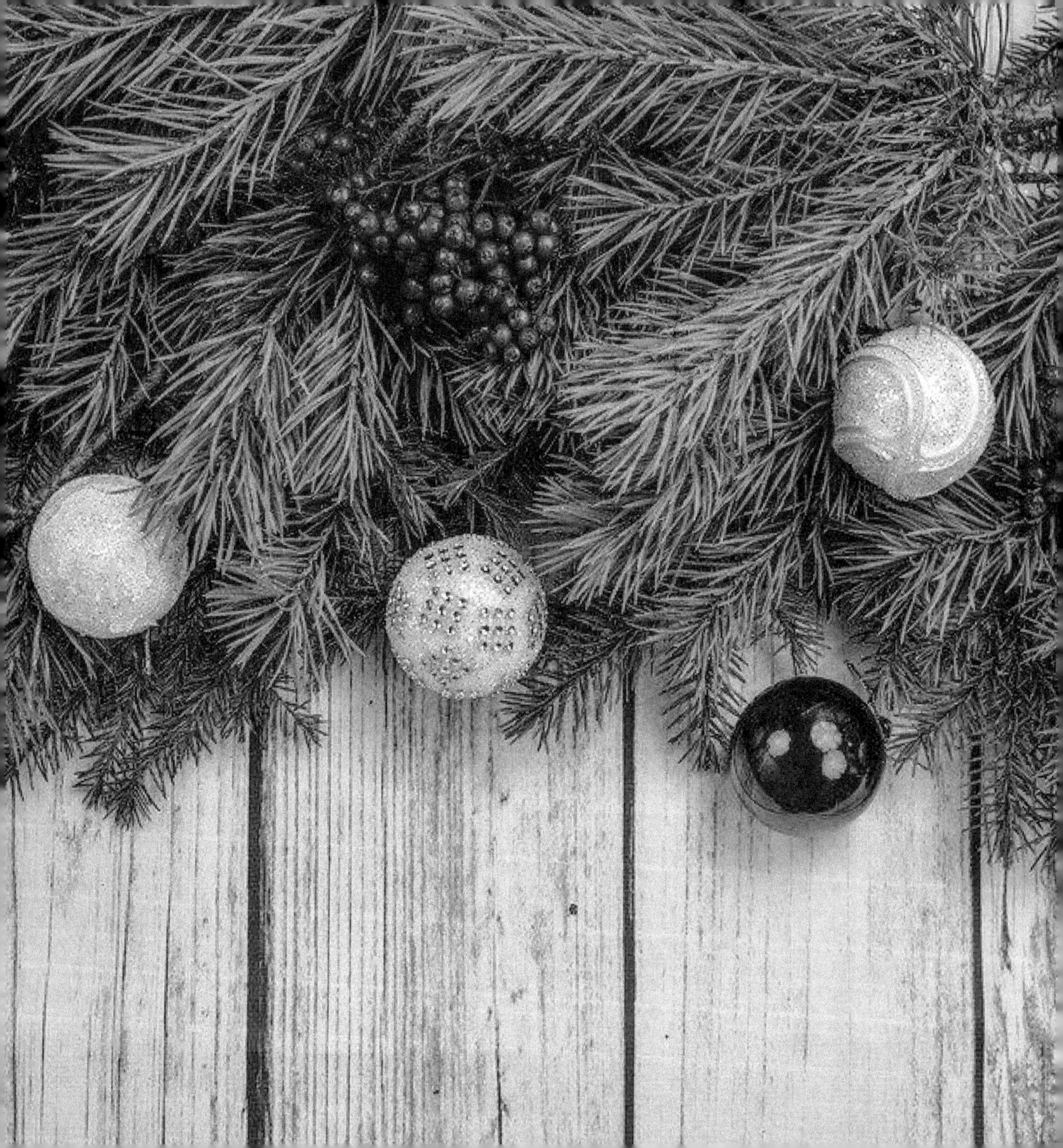

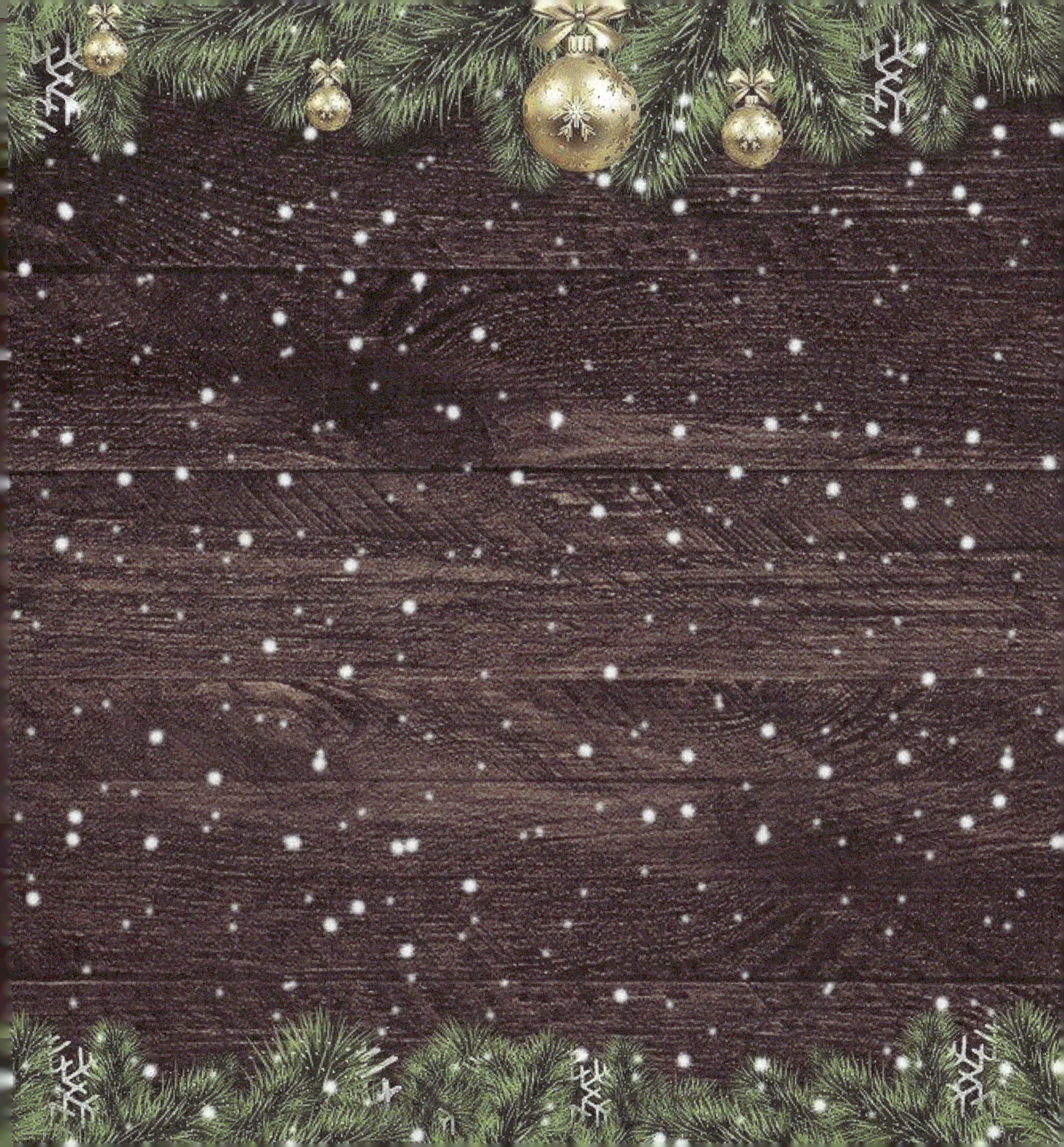

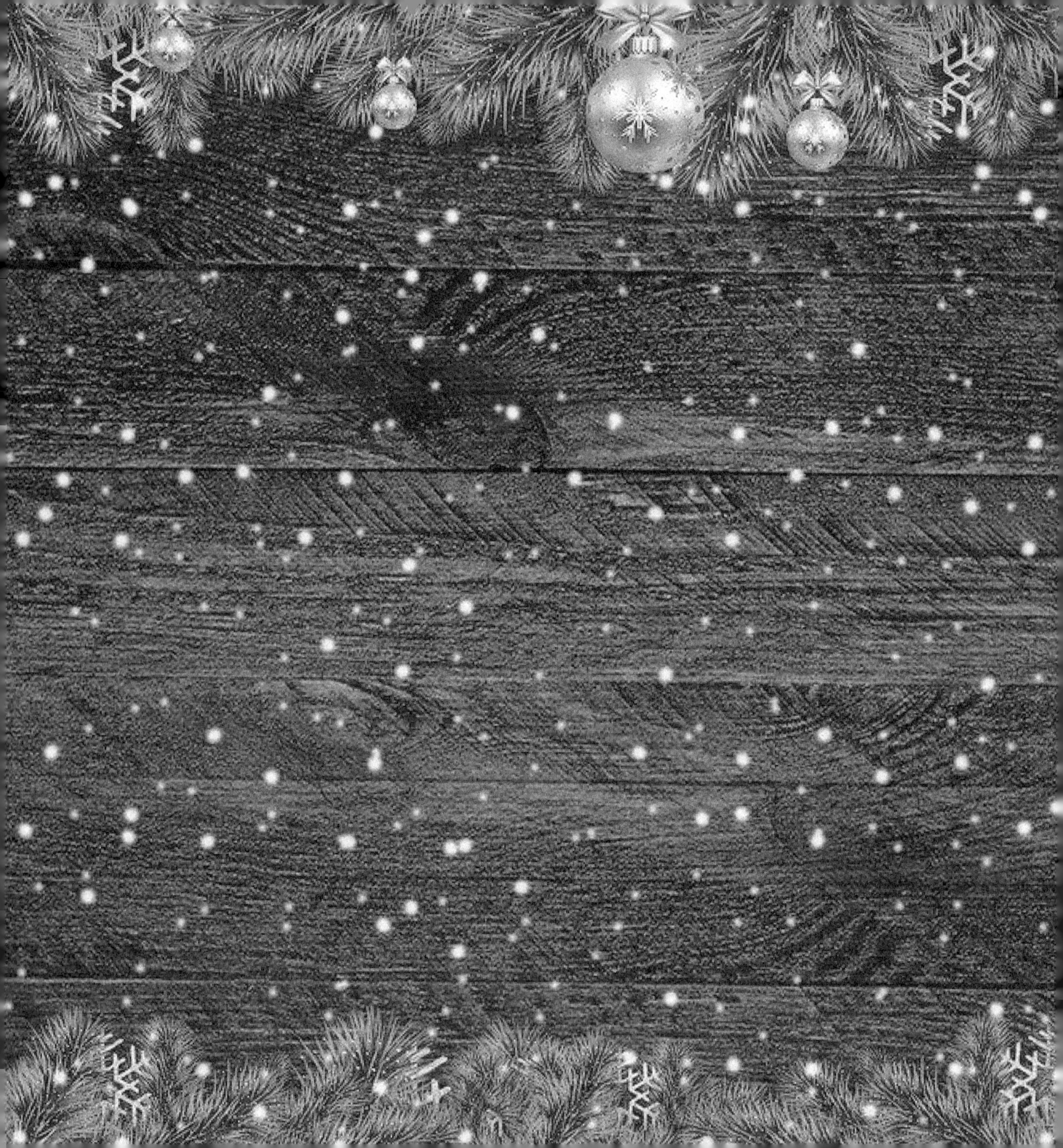

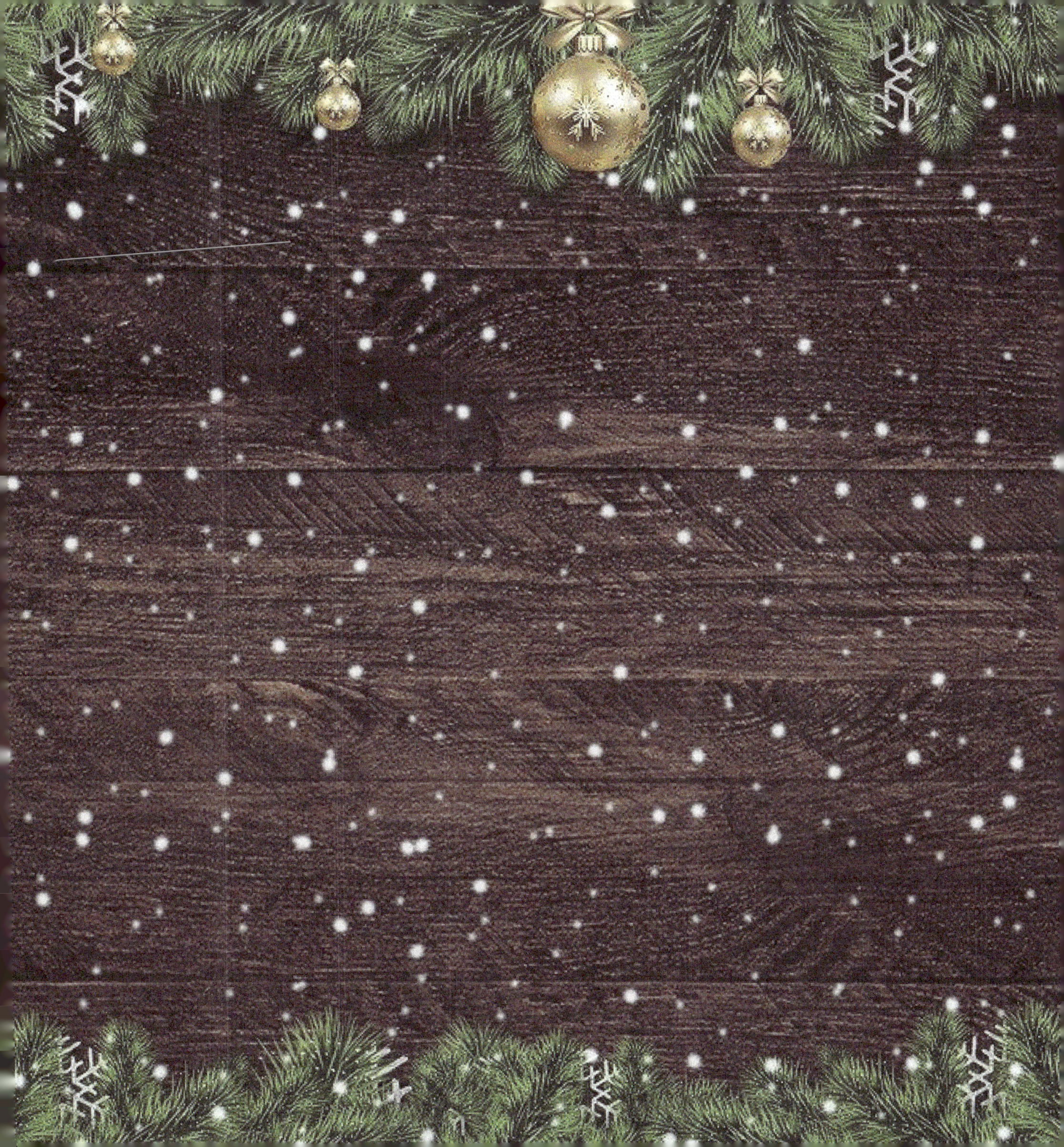

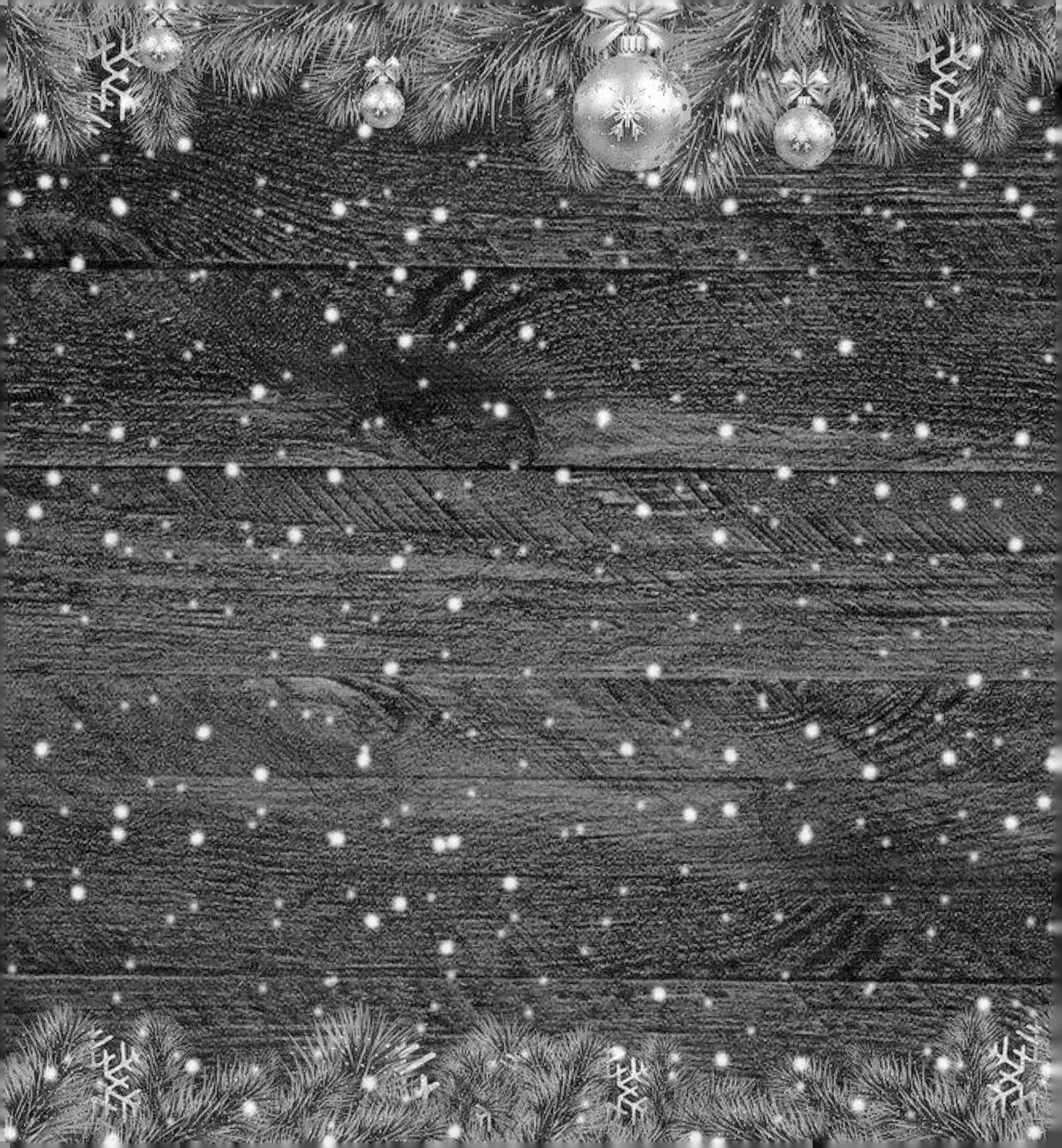

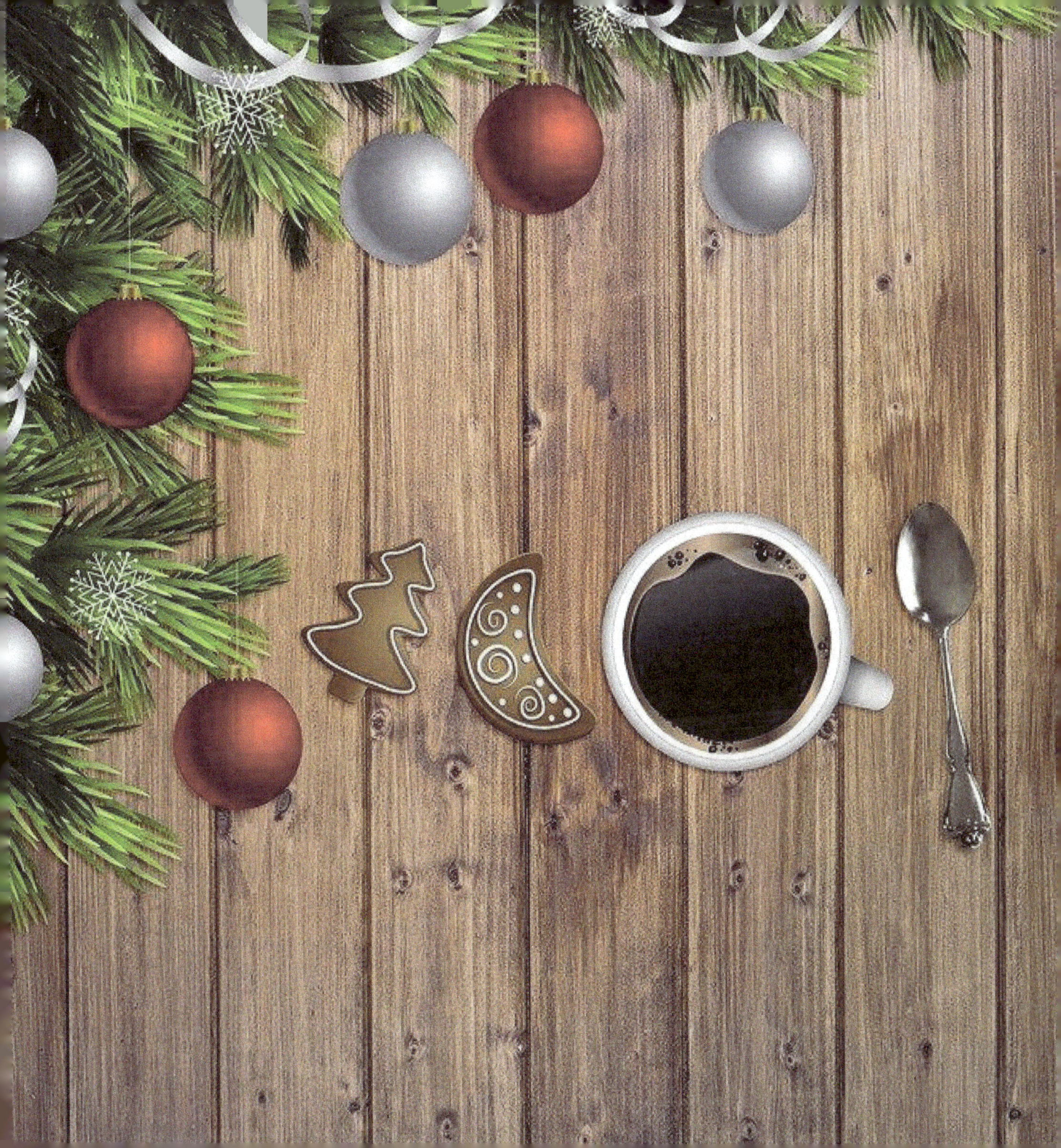

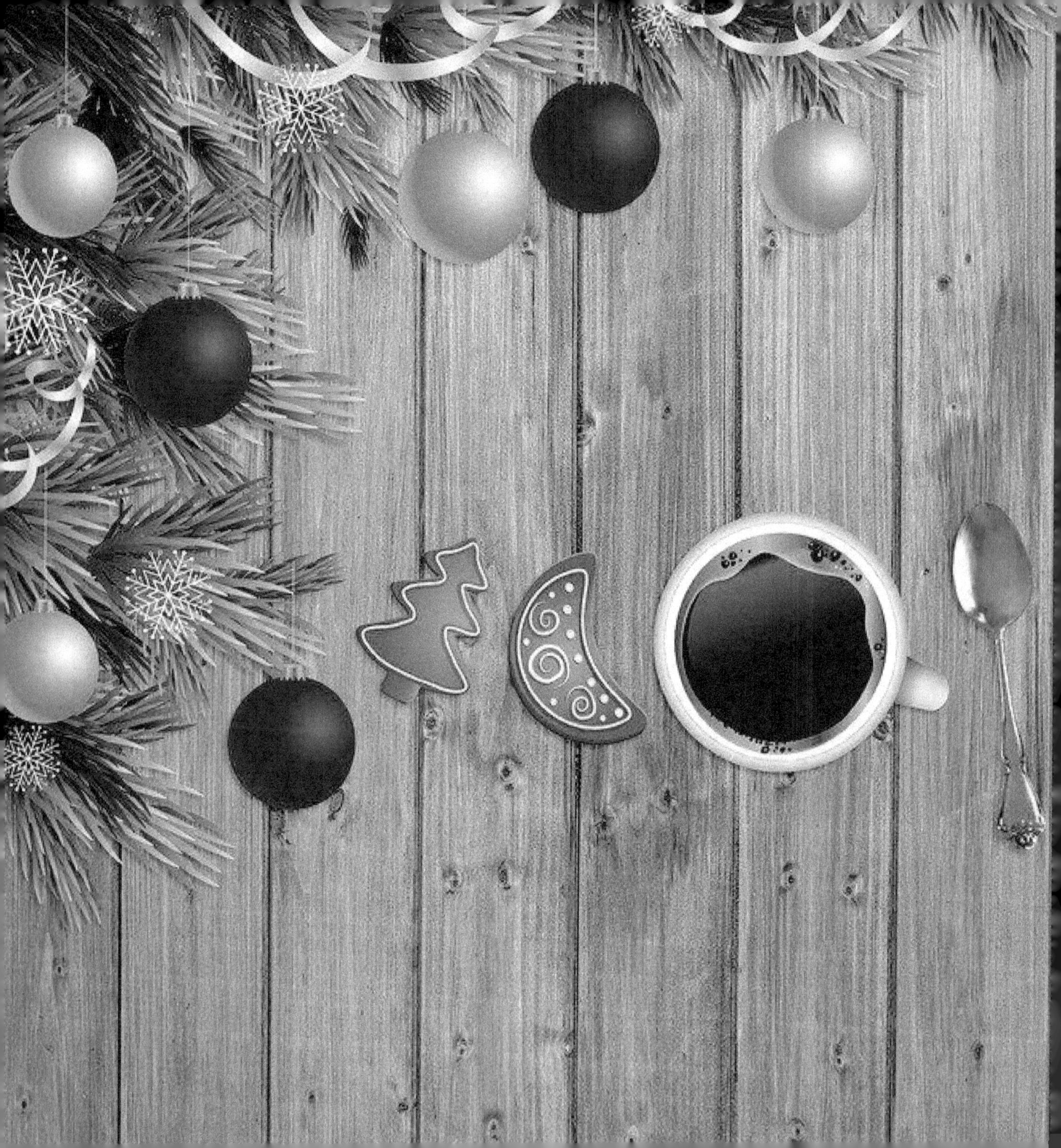

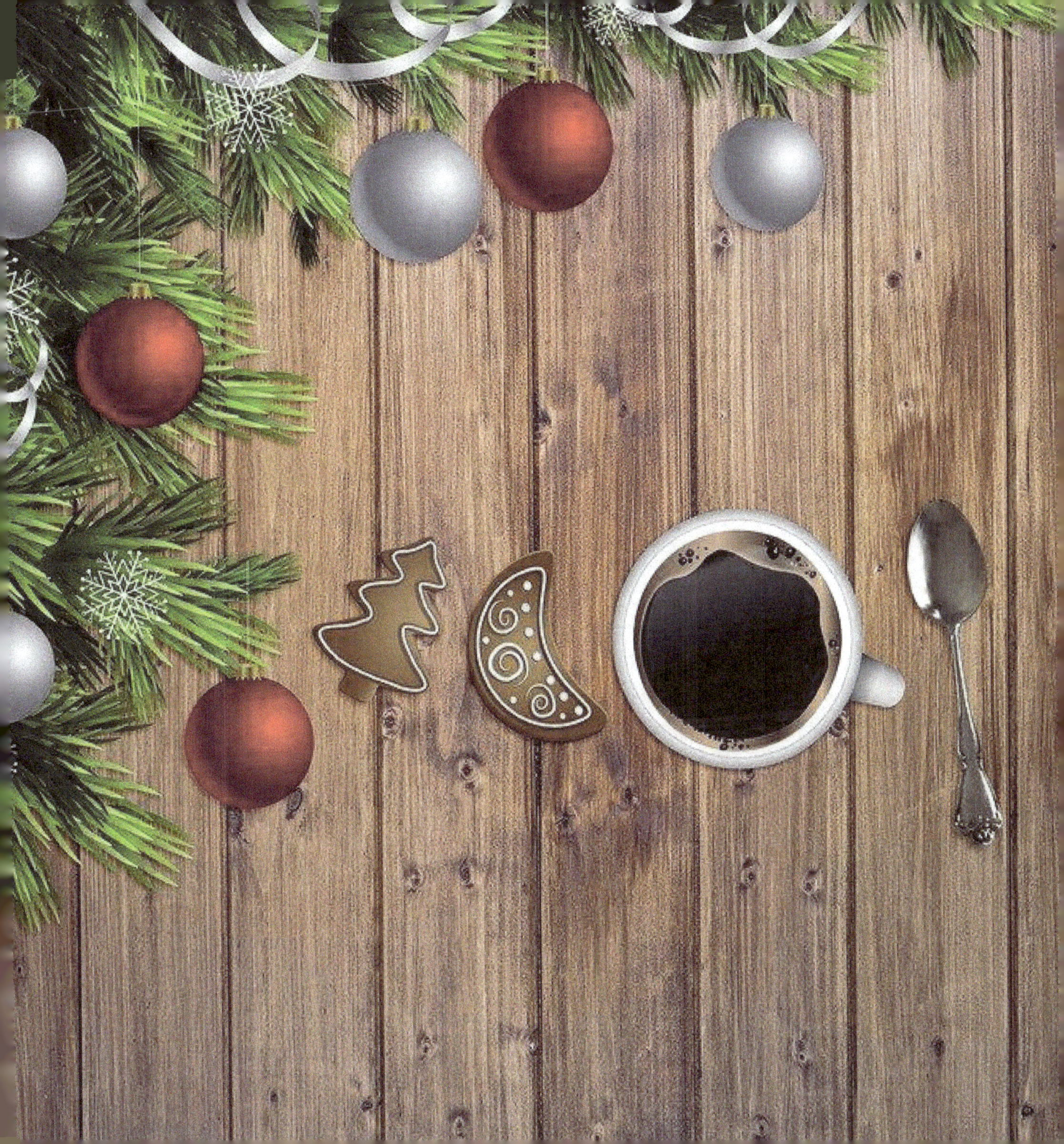

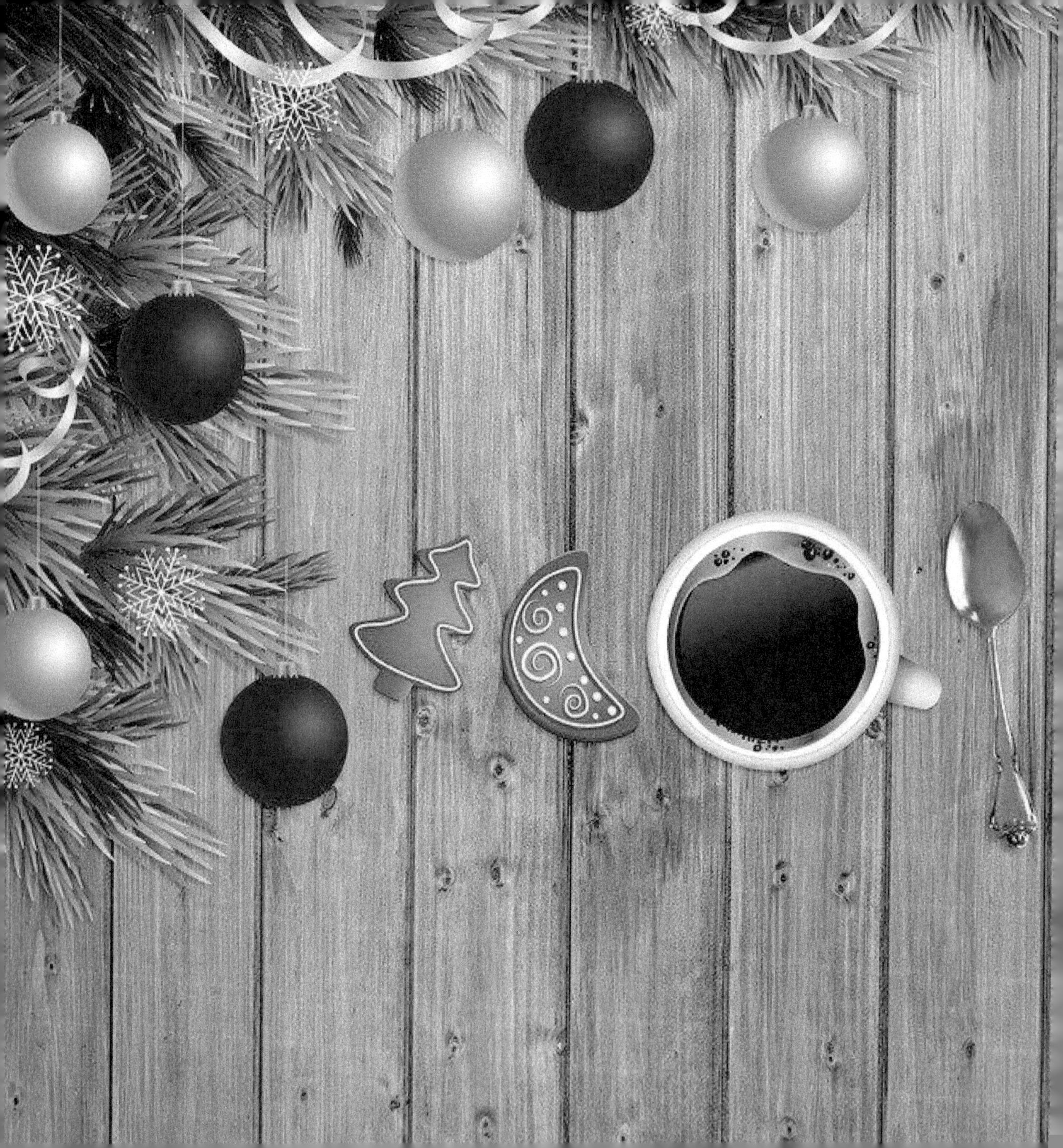

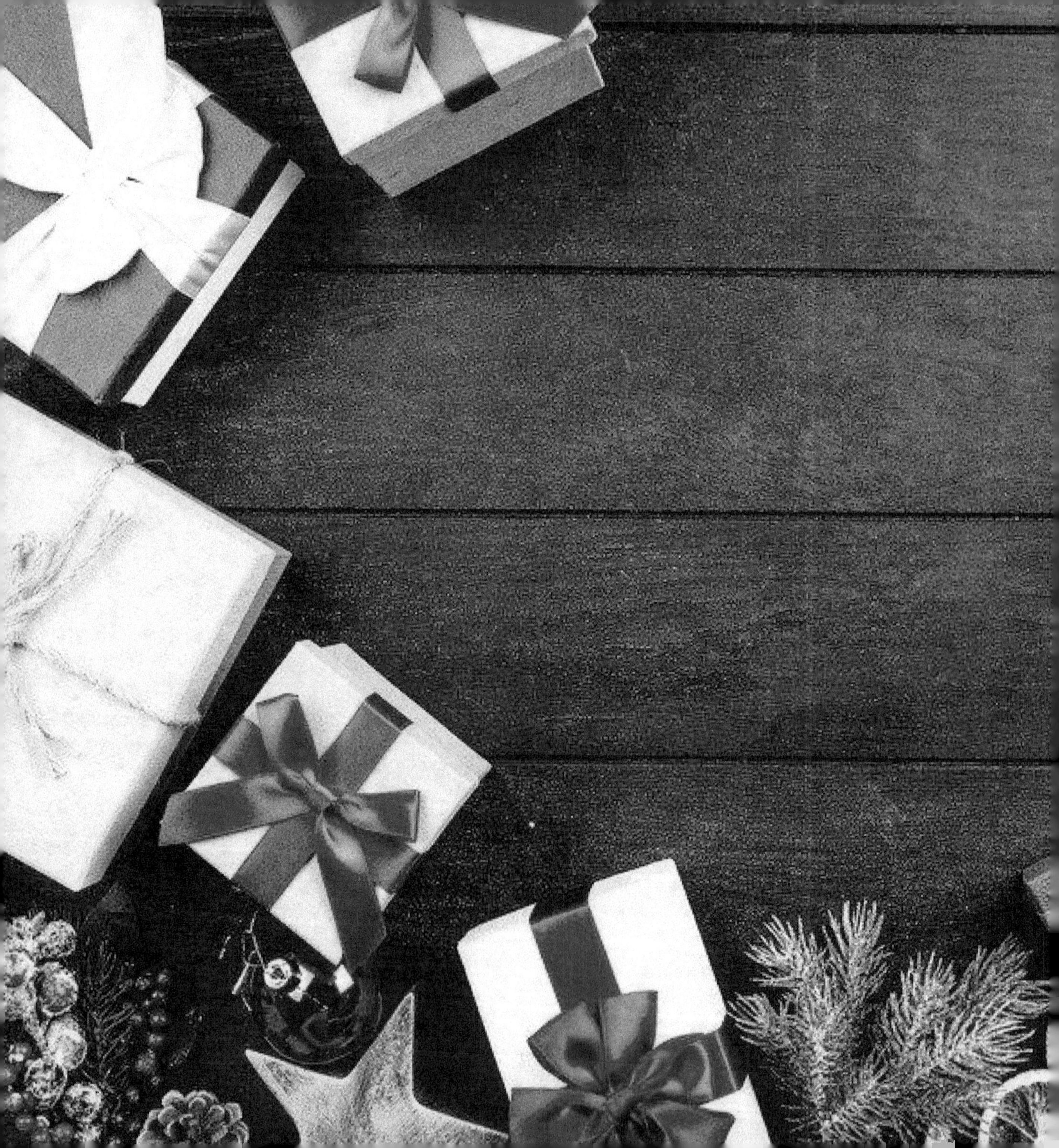

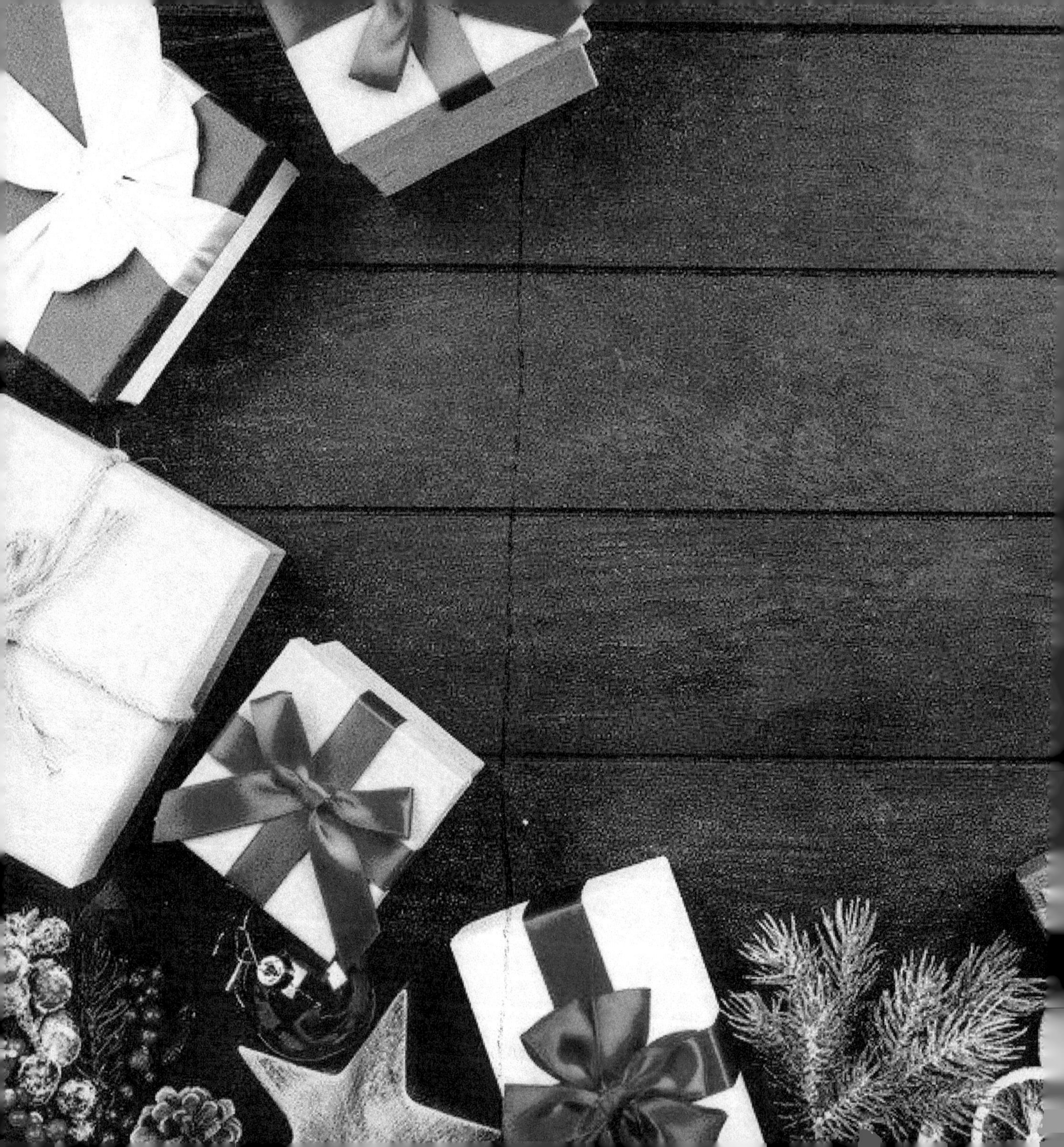

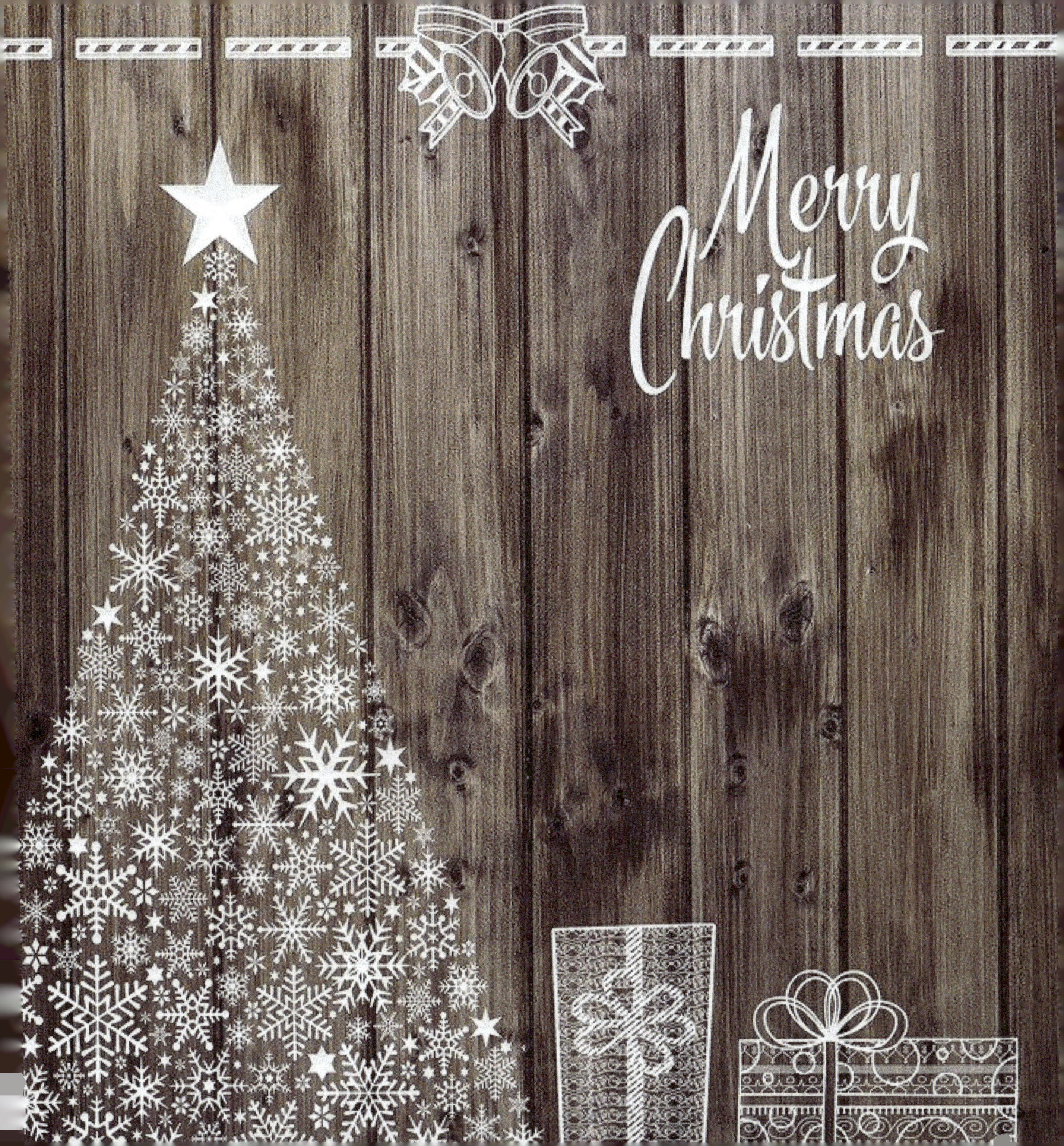

Merry Christmas

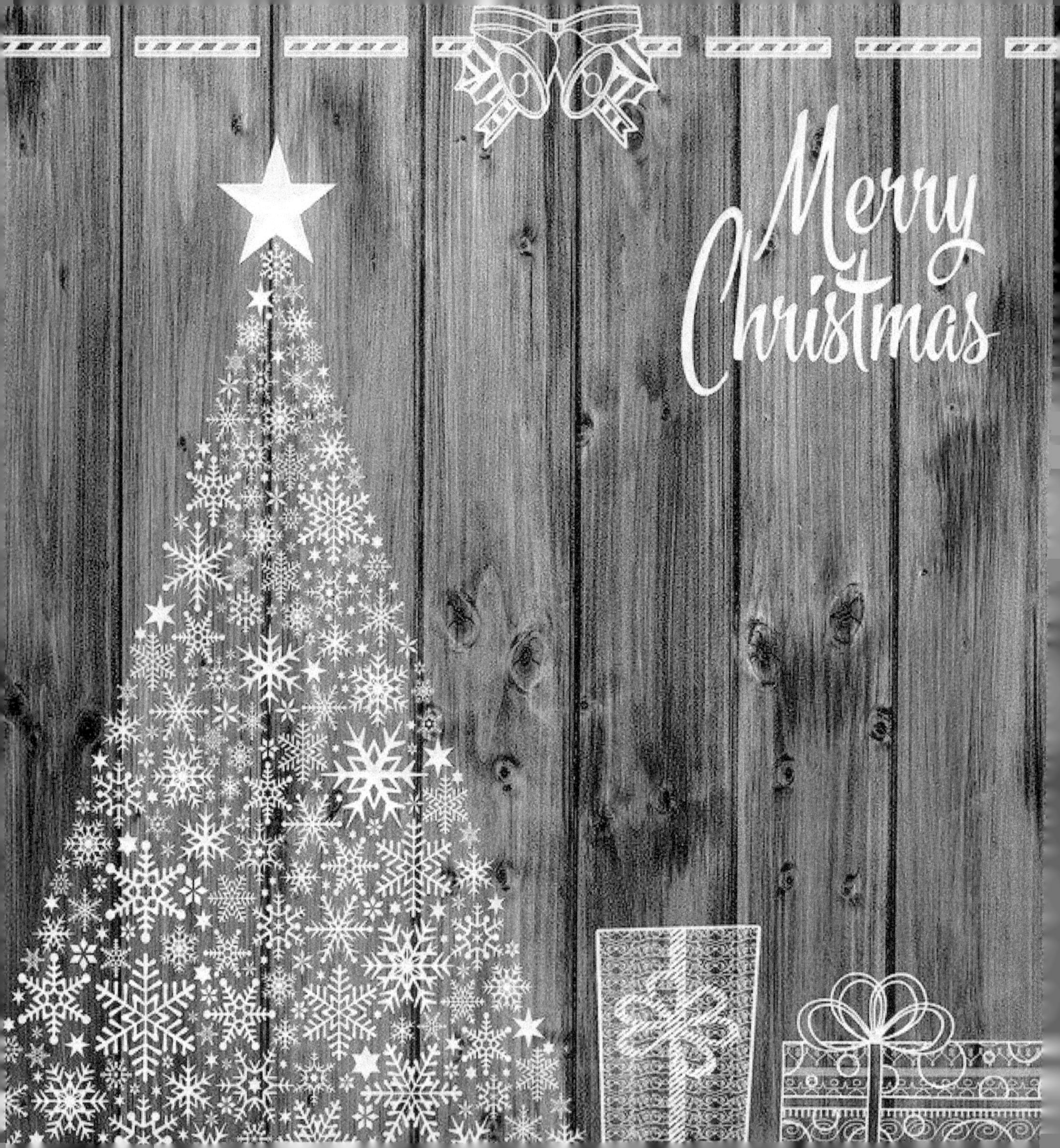
Merry Christmas

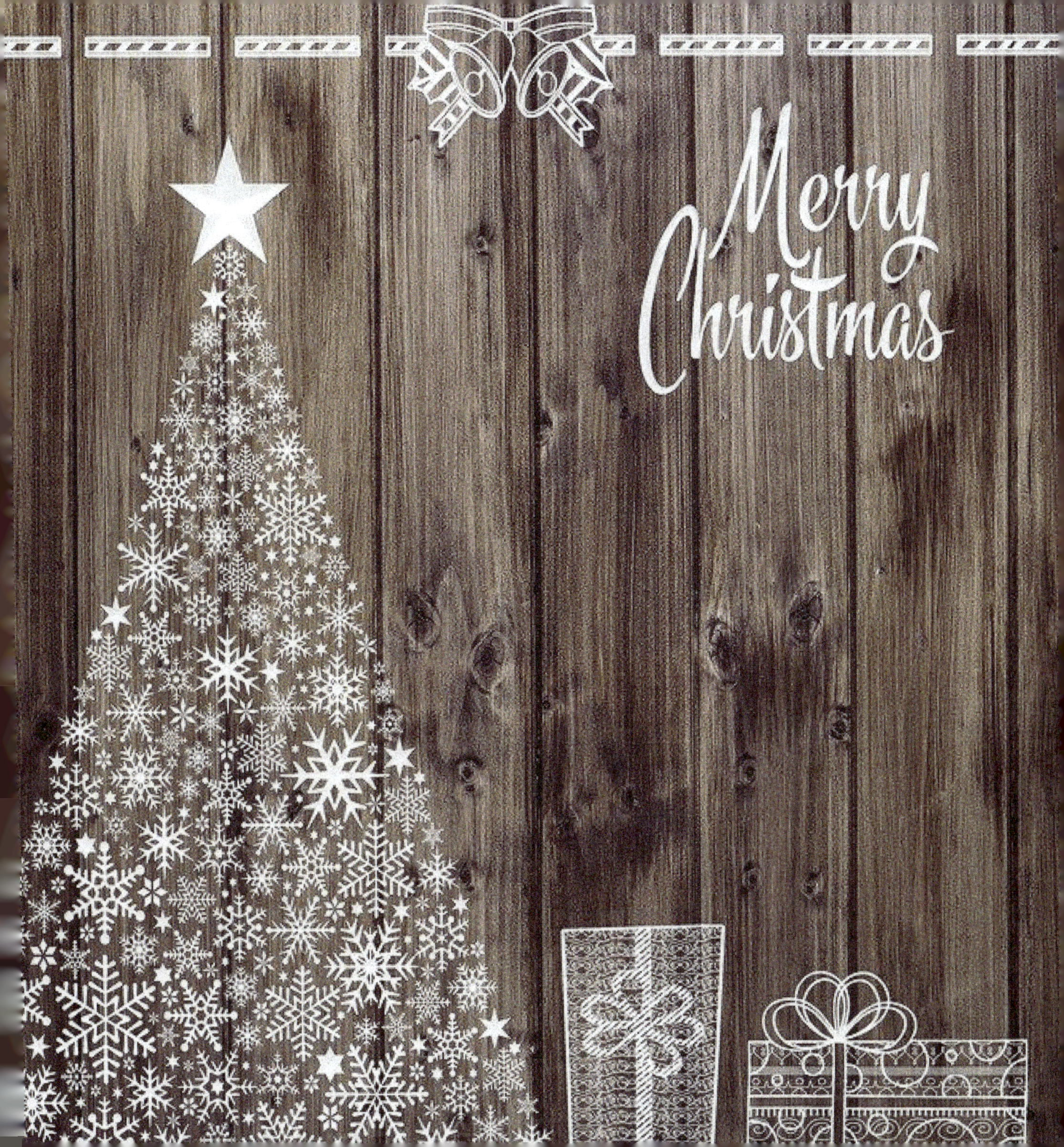

Merry Christmas

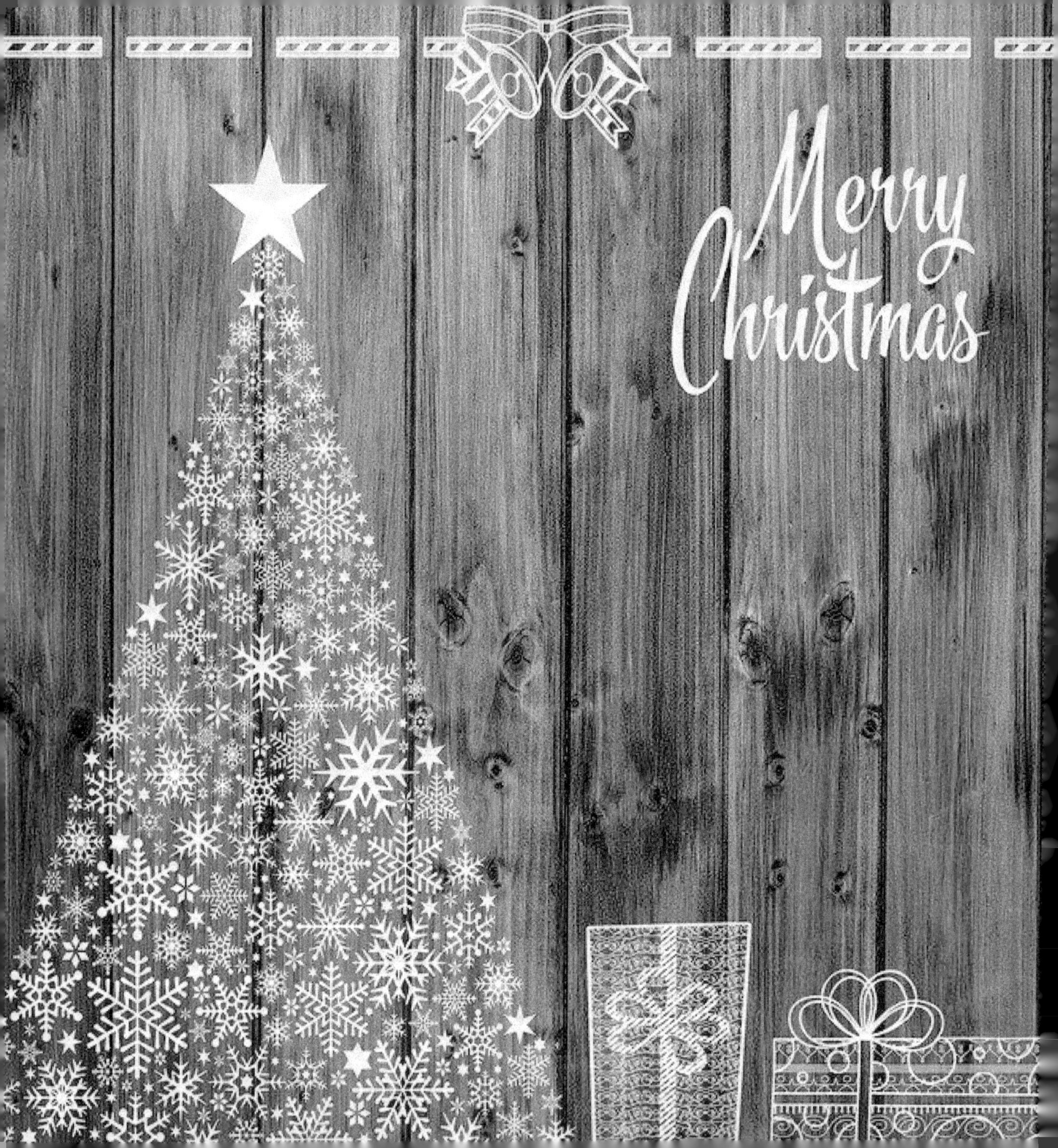
Merry
Christmas

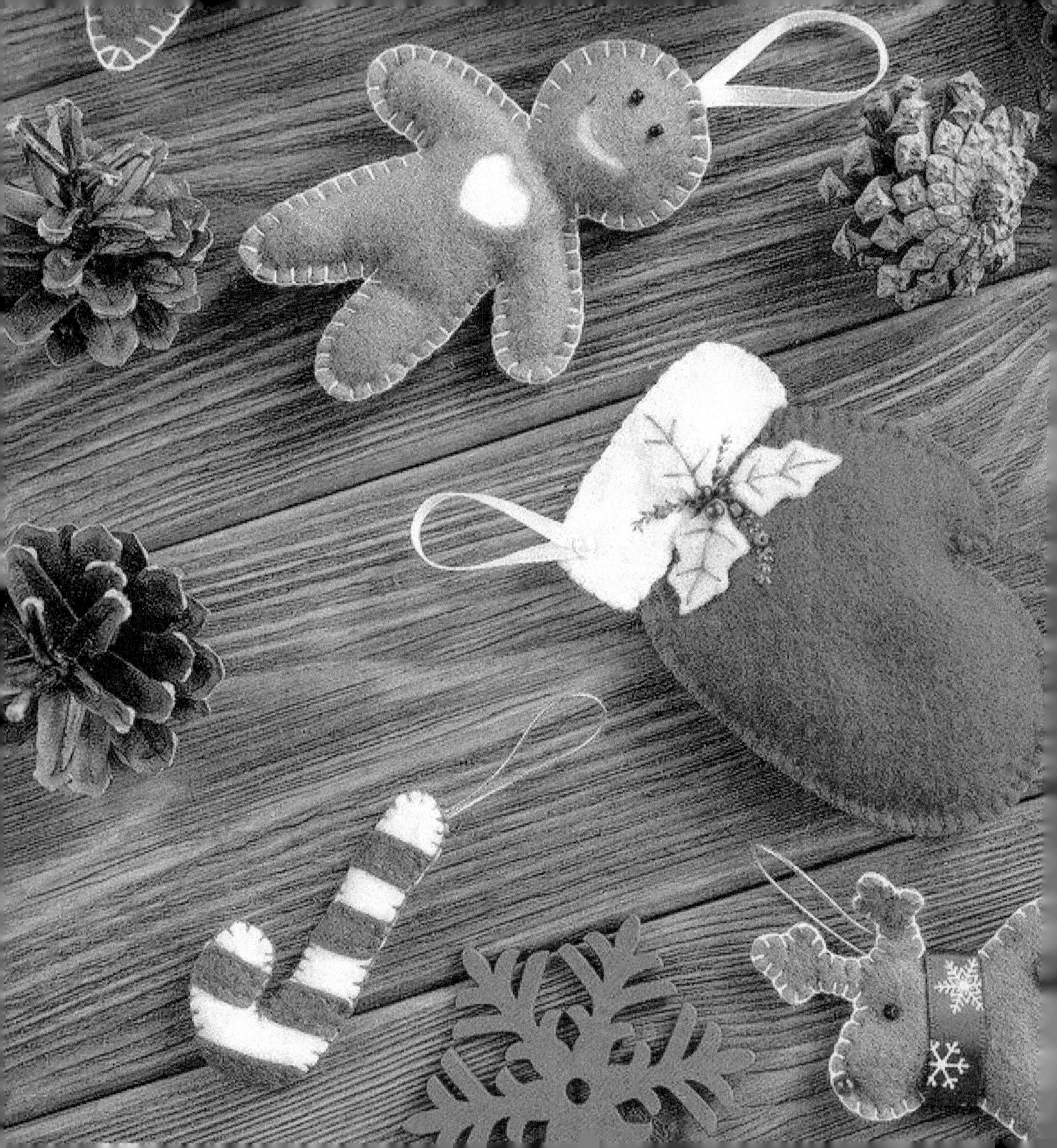

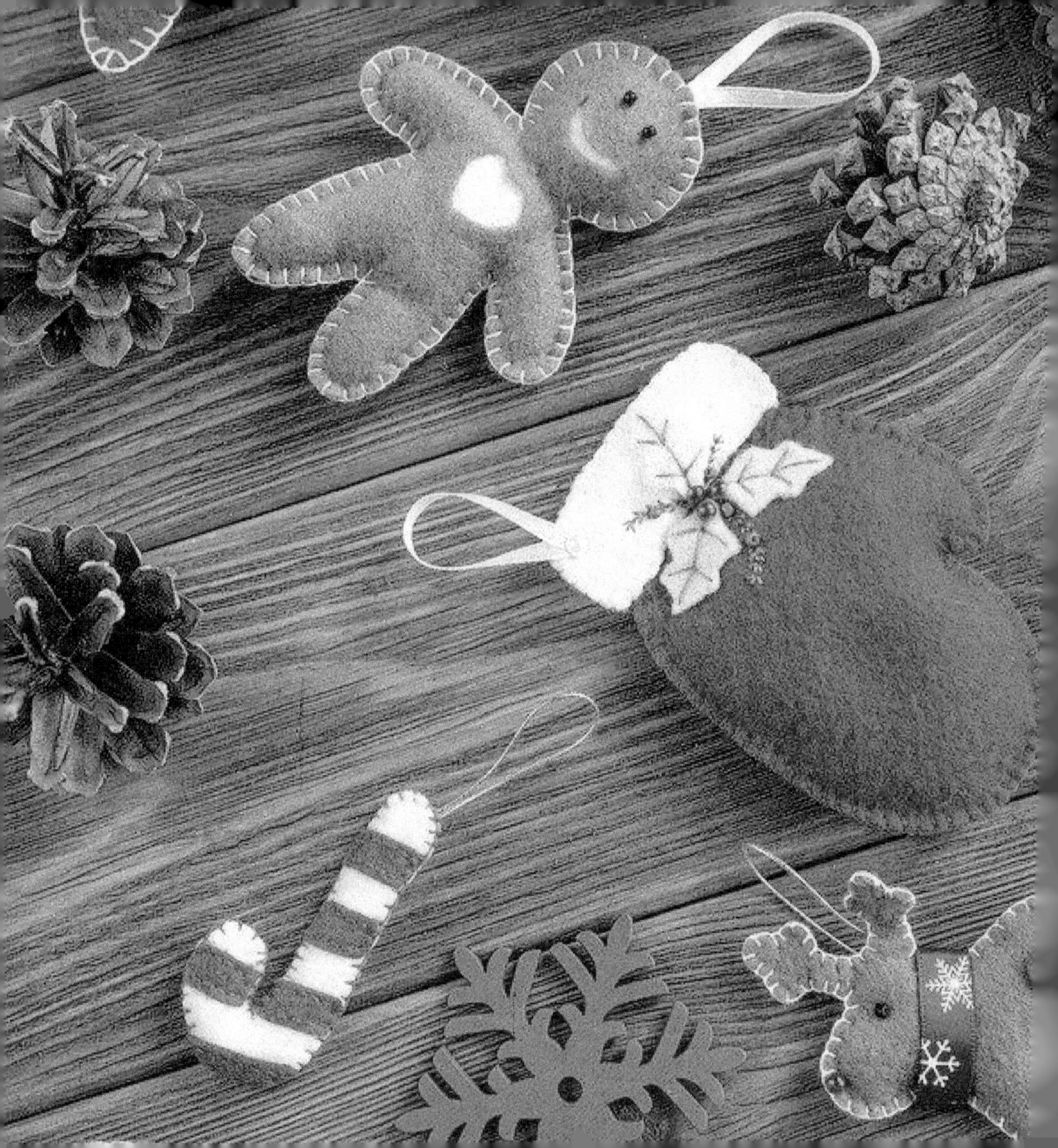